FALA ZÉ PELINTRA

PALAVRAS DE DOUTOR

ADEMIR BARBOSA JÚNIOR (DERMES)

DITADO PELO SR. ZÉ PELINTRA

FALA ZÉ PELINTRA

PALAVRAS DE DOUTOR

ANUBIS

Revisão:
Viviane Lago Propheta

Projeto gráfico e capa:
Edinei Gonçalves

Apoio cultural:
Rádio Sensorial FM web
www.sensorialfm.com.br

Dados Internacionais de Catalogação na Publicação (CIP)
(Câmara Brasileira do Livro, SP, Brasil)

Zé Pelintra (Espírito).
Fala Zé Pelintra : palavras de doutor / ditado pelo Sr. Zé Pelintra; [psicografado por] Ademir Barbosa Júnior (Dermes). -- São Paulo: Anúbis, 2024.

Bibliografia.
ISBN 978-65-88661-06-2

1. Mediunidade 2. Psicografia 3. Umbanda (Culto) 4. Zé Pelintra (Espírito) I. Barbosa Júnior, Ademir. II. Título.

16-01183 CDD-299.60981

Índices para catálogo sistemático:
1. Umbanda : Religiões afro-brasileiras 299.60981

São Paulo/SP – República Federativa do Brasil
Printed in Brazil – Impresso no Brasil

Este livro segue as novas regras do Acordo Ortográfico da Língua Portuguesa.

Distribuição exclusiva
Aquaroli Books
Rua Curupá, 628 – Vila Formosa
São Paulo/SP – CEP 03355-010
atendimento@aquarolibooks.com.br

SUMÁRIO

SUMÁRIO

INTRODUÇÃO

Numa gira de Baianos, o Sr. Severino, à sua moda, me avisou que subiria para vir Seu Zé. Fiquei feliz, pois sempre soube que havia um Seu Zé na banda e, antes de ele, digamos assim, chegar mais perto, houve indícios muito bonitos dessa parceria. Ele veio, deu recados e fez alguns pedidos para seu cavalo.

No dia seguinte, começou a ditar mensagens. Para mim foi um processo novo, diferente da intuição. Já havia escrito dois textos sobre Seu Zé, um deles literalmente o ouvindo (o outro não lembro bem), mas agora, por meio da psicografia, seria necessário me adaptar de outra maneira a horários, rotina doméstica, influências externas e uma ou outra adequação direta do texto (pequenos ajustes sintáticos, títulos e outros).

Seu Zé, sempre gentil, atencioso e bem-humorado, me pôs a trabalhar direitinho.

O resultado, leitor, está em suas mãos.

Abraço, gratidão e Axé!

Ademir Barbosa Júnior
(Dermes)

Seu Zé Pelintra,
onde é que o senhor mora?
Seu Zé Pelintra,
onde é sua morada?
Eu não posso lhe dizer
Porque você não vai me
compreender
Eu nasci no Juremá
Minha morada é bem pertinho
de Oxalá.

1

PARA INÍCIO DE CONVERSA

Não vou contar a minha história, pois ela não é muito diferente da de outros desta falange. Sou Zé Pelintra e isso basta. Quem tem fé e confia no meu trabalho, sabe do que se trata. Venho na Direita e na Esquerda, sou Malandro, sou Baiano, sou o que disserem que sou. Mas quem realmente sou quem sabe sou eu.

A mediunidade não é tarefa fácil em nenhum dos planos. É preciso preparar o cavalo para a incorporação, a intuição, as várias maneiras de se trabalhar. Isso demanda tempo, concentração e disciplina. Mas Seu Zé faz tudo com alegria e desprendimento, sambando e rindo. Não sou homem de perder peleja nem festa, sou?

Meu cavalo me chama de advogado, e sou mesmo. Defendo todo aquele que necessita, sem distinção. Não tolero injustiça e nem facilito o caminho para ninguém. Não existe jeitinho comigo, existe parceria. Quer ganhar, tem de saber jogar. Falar é fácil, fazer é difícil, mas compensa a dor, compensa as lágrimas, compensa tudo, e a vitória é certa.

2

MEDIUNIDADE NÃO RIMA COM VAIDADE

O que o Seu Zé tem a dizer a respeito da mediunidade é que a mediunidade não é uma caracterização de pessoas, mas o amor ao próximo devotado ao serviço do bem, da luz e da misericórdia divinas. O médium, portanto, é instrumento e não deve se vangloriar, se pavonear diante do dom que recebeu. A mão é superior ao instrumento operado, e assim também ocorre com o médium: os méritos são de Deus e da Espiritualidade. O mérito do médium, quando muito, é o da oportunidade de servir. Certamente tem seu valor, ainda mais quando se esforça para sua missão. Mas não se deve entregar à vaidade, e sim à oportunidade de servir, pois a mediunidade é um canal de oportunidades também para todos que desencarnaram de forma abrupta, dolorosa, com ressentimentos e ódio se recomporem e caminharem rumo à evolução. Vaidade tenha cada qual de seus cabelos e quando os tem. Vivam com sobriedade e nada lhes faltará.

3

SABER ORAR

Oração é um canal de comunicação com Deus e a Espiritualidade, não é uma forma de cobrança ou comércio, de toma lá dá cá. Existem pessoas que pedem, pedem e até gritam como se Deus fosse surdo, mas não apenas gritam com a voz, gritam com coração e a alma de uma forma pior que criança mimada. É feio, é triste, é assustador. A oração é um canal límpido de paz e harmonia em que mais de deve ouvir do que falar. Deus não precisa de oração para se engrandecer, mas nós precisamos para ser um pouco melhores, ao menos mais fortes, mais atentos às batalhas da vida. A oração pode ser feita com o corpo todo, rezando, cantando, dançando, trabalhando. Não se restringe aos momentos em que a pessoa, sozinha ou em grupo, reserva um tempo específico para isso.

Lembrem-se do que disse Jesus: "Pedi e recebereis". Então, é preciso saber pedir com sabedoria e responsabilidade para não atrair para si uma peleja para a qual não se está pronto. Tudo é responsabilidade.

Agradecer também é muito bom...

4

A AMIZADE

Seu Zé vai falar hoje sobre a amizade, esse sentimento tão confundido pelas pessoas, que às vezes pensam que o bom amigo é um burro de carga, quando na verdade o bom amigo e sincero e auxilia nas labutas diárias com devoção e desprendimento.

A amizade é um sentimento digno de respeito e não deve ser banalizado, medido, pesado, comprado. O bom amigo, a exemplo de Jesus, dá a vida por todos, não se entrega e nem entrega o próximo. Sustenta e ajuda a caminhar. Não desiste e sabe esperar. Assim, a amizade pede que sejamos leais e merecedores do carinho e da devoção do outro.

Um amigo não trai, mas se prontifica a ajudar a erguer quem está caído. Um amigo não rouba nem cobiça, mas divide. Um amigo é de fé, não de guerra, é de batalha. Um amigo busca sinceramente a elevação do outro, pois sabe que assim subirá junto.

O bom amigo desce o morro, mas não rola. Assim é Seu Zé para quem tem o merecimento de chamá-lo de amigo.

5

PACIÊNCIA

Paciência é algo que Seu Zé teve de aprender a ter e não apenas por uma questão de estratégia, mas de evolução. Quem tem pressa come cru, como diz o ditado, às vezes nem come, por isso é necessário ter paciência para alimentar não apenas o corpo, mas o espírito. O impaciente sofre duas vezes.

Paciência não é mansidão*, é consciência e equilíbrio, é domínio de si mesmo, é malandragem no melhor sentido do termo. Por isso, sejam pacientes, não tenham pressa, tenham alegria e aprendam a lidar com o tempo e as oportunidades. Ou sempre vão comer cru, ou não comer. Aprendam com seu Zé e desfrutem dos melhores sabores do espírito. A pressa é inimiga da satisfação.

6

FELICIDADE

A felicidade, como se diz, é um estado de espírito, não é um lugar, não é um carro, não é uma casa. A pessoa pode ter mil condições, mas não ser feliz, ou não ter condição alguma e viver em paz, tranquilamente, e é isso que importa. Então, saibam escolher o que realmente tem valor e não aquilo que tem preço. Saibam determinar o que é importante em suas vidas e não se apagará quando o corpo físico ficar sob a terra.

Ser feliz é uma consequência do equilíbrio interior, uma prerrogativa do espírito a que todos têm direito, independentemente de renda e posição social, pois isso muda e pode mudar a todo instante na dança da vida. De danças, de revezes, de sorte, Seu Zé entende como ninguém. Sejam felizes, pois vocês podem.

7

PSICOGRAFIA

A psicografia não é magia no sentido em que muitos usam o termo. Psicografia é serviço e maneira de se comunicar. Quando ponho meu cavalo para trabalhar, e nem sempre é fácil, pois há preparação e adaptação e tempo, tudo flui energeticamente, o Seu Zé pode se expressar. O mesmo vale para todo outro espírito que venha a se manifestar. Como em todos os casos de mediunidade, é preciso estar atento para não atrair espíritos indesejados, informações incoerentes. Não basta, portanto, psicografar, é preciso afinar-se para estar à disposição e psicografar o verdadeiro, o bom, o justo. Se meu cavalo se puser a psicografar o que bem entender em nome de outro, certamente terá de se responsabilizar por isso diante da Lei Suprema.

Certamente não o faz, ainda mais com o Seu Zé. Quando Seu Zé começou, para ele *(o cavalo)*, essa forma de escrita era novidade. Mas meu cavalo não duvidou, se entregou ao aprendizado, tem-se fortalecido e está cada vez mais maleável. Por isso Seu Zé pode falar com mais desenvoltura.

8

A LINHAGEM DE SEU ZÉ

A linhagem de Zé Pelintra é única, como todas as linhagens. Seu Zé é alegre, brincalhão, muito trabalhador, de uma limpeza e de um aprumo formidáveis. Por isso não venham pedir querelas bobas, situações vexatórias, arruaças, nada que se interponha à Lei, pois seu Zé trabalha na Lei, não contra ela. Aliás, quem anda fora da Lei, um dia a ela retorna, geralmente por meio da dor, da decepção, de experiências difíceis. Seu Zé já teve sua cota, cresceu, evoluiu, não precisa mais trilhar determinados caminhos e, quando o faz, quando ali está, é para recolher os que ainda insistem em ficar atolados na miséria.

Tenha em Seu Zé um amigo, um confidente, um parceiro, um pai e um irmão, mas não um serviçal, senão, gingando e sorrindo, não preciso nem o derrubar, você cai sozinho, para aprender o valor de levantar-se.

9

SEU ZÉ E A ALEGRIA

A alegria levanta o ânimo, torna tudo mais fácil e abre horizontes. Existem os que já acordam de cara amarrada, evitando sorriso para o mundo. A noite é momento de se refazer (embora também de festejar), de relaxar para o dia seguinte e reconstituir forças. Tem gente que briga até em sonho! Não sossega! Nada contra a correnteza e não vê a beleza do rio. Então a vida lhe dá bengaladas, não o seu Zé, que eu tenho mais o que fazer. Inclusive dançar com alegria e brincar com o meu chapéu.

10

SAMBA DE ZÉ PELINTRA

Se eu quiser compor um samba
Um bom samba pra valer
Eu aviso meu cavalo
Pra começar a dizer
O amor é uma força
Uma rosa sem igual
Trate-a bem que ela cresce
Trate-a mal e ela fenece
Quem tem amor verdadeiro
Dele cuida o temo inteiro
Faça sol ou temporal
Na alcova ou no quintal
Brilha o sol para o casal

11

A CARIDADE

A caridade pura não é ostentação e nem se pavoneia. Doe-se de verdade para auxiliar ao próximo sem amarras às convenções e terá alcançado um nível de alegria, felicidade e contentamento. Não tenha dúvidas quanto ao amor.

(Espírito José, a convite de Zé Pelintra)

12

DÚVIDAS

Dúvidas existem para serem sanadas. O indivíduo que vive em dúvidas vive amargurado, incerto, errando pelos caminhos da vida sem nexo algum. É importante buscar respostas, mas não se fixar no caminho, ter a liberdade de encontrar o que se busca, senão os sentidos ficam atrofiados. Aquele que encontra a verdade deve partilhá-la, mas não impô-la a ninguém, pois há várias facetas para a verdade, cada qual enxerga algumas delas. A verdade não pode aprisionar. Não foi Jesus quem disse: "Conhecereis a Verdade e a Verdade vos libertará."?

13

PAZ ESPIRITUAL

A paz espiritual não é ausência de conflitos internos, mas a certeza de resolvê-los no tempo certo. Alcançar a paz não significa não ter batalhas cotidianas, viver em constante espaço privilegiado, mas que, mesmo nas piores batalhas, oscilando contra o vento, não se perde a base, a firmeza, a determinação. Busquem a verdadeira paz, não a ilusão de que a vida não traz problemas. Enquanto Seu Zé dança, vocês querem viver sentados?

14

LIBERDADE

Liberdade é viver com responsabilidade, assumir as consequências das próprias decisões. Não é fazer o que se quer e ficar impune. Isso seria contra a Lei. Liberdade é viver a Lei de acordo com as possibilidades, as limitações, feliz pela oportunidade de construir algo. Não é nem mais nem menos, é o exato, mas com nuanças, evidentemente. A liberdade jamais aprisiona, mas há tanta gente presa em nome de supostas liberdades.

15

CONCÓRDIA

A concórdia é dois corações batendo na mesma pulsação. Isso é concórdia, estar de acordo, aproximar o coração um do outro. Nada mais, nada menos. Quantos desacordos há no mundo por falta dessa aproximação? Concordam com Seu Zé?

16

ACEITAÇÃO

Aceitação não é ficar calado diante das dificuldades, mas aceitá-las e entendê-las como tal para procurar transformar o cotidiano. A pessoa que aceita a situação sem revoltar-se tem muito mais chance de resolver os problemas. A serenidade é o primeiro passo para o sucesso. Os outros são trabalho e perseverança. Quem aceita de bom grado a própria situação é capaz de transformá-la para melhor.

17

BONDADE

A bondade não é a perfeição, a bondade é um caminho de reconhecimento dos tropeços para se melhorar. Todos podemos ser bons, e isso independe de dogmas e dos valores de época, mas dos valores insubstituíveis e imortais, como o amor. Santo e perfeito apenas Deus. Os demais estamos todos procurando ser um pouquinho melhores, passo a passo. Não cobre de si e do seu irmão o que está acima das medidas e das forças de cada um.

18

UMBANDA

Para onde vai a Umbanda? Ela vai para onde a espiritualidade deseja independentemente de seus filhos. Leve o tempo que levar, a Umbanda vai atingir cada vez mais um grau de fraternidade universal, caridade e serviço, sem demagogia. Seu Zé se orgulha de fazer parte da Umbanda e poder trabalhar por todos e assim evoluir mais um pouquinho. A energia da Umbanda é de uma leveza incrível para combater as energias pesadas que rondam as mentes e o planeta. Com amor e centramento dá-se um rabo de arraia no baixo astral que não dá nem tempo de a negatividade perceber. Saravá Umbanda!

19

PODER

Poder é empréstimo de responsabilidades. Basta dizer isso para que a vaidade não corroa o coração de ninguém, tenha a função que tiver neste mundo. Que dirá na área da espiritualidade, onde não há poder, mas dons. Pensem bem nisso antes de se comprometerem, tanto com o bem quanto com a vaidade mais mesquinha.

20

IDOLATRIA

Idolatria é supervalorizar algo ou alguém em detrimento de si próprio, não se respeitando, se diminuindo diante dos outros ou de alguma situação. Como se pode amar alguém se não se tem amor próprio? Essa é a pergunta que seu Zé faz, pois o Amor nunca é destrutivo, senão não é amor. Então amem, amem muito, de várias maneiras, de modo a construir pontes, estradas, e não muretas. Amem como Oxalá* ensinou, amem de coração puro e verdadeiro e o amor florescerá todos os dias em jardins e buquês a serem ofertados a todos.

* Oxalá é sincretizado com Nosso Senhor Jesus Cristo.

21

LIBERDADE

Liberdade é não estar preso àquilo que mata, em vez de fazer crescer. Liberdade é ter as próprias decisões e assumir as consequências. Isso é liberdade, não fazer apenas o que se deseja, o que se quer, a hora que quer, do jeito que quer. Essa é a pior escravidão, a do egoísmo, da falta de compreensão alheia. Liberdade é muito mais do que o homem imagina. Seja livre e não escravo de si mesmo.

22

MENSAGEM A MEU CAVALO

Tenha a certeza de que é assistido e ao mesmo tempo muito cobrado. Ninguém chega aonde chegou para aparecer ou se vangloriar. Disso você sabe e também sabe as consequências dessa exposição. Mas sabe também que nunca está sozinho e até repete isso à exaustão. Seu Zé o escolheu para escrever não por talento literário, mas por sua sensibilidade. Então, conte comigo, não para fazer as coisas em seu lugar, mas para ajudá-lo, ampará-lo e mesmo interceder. Se você diz que Seu Zé é seu advogado, sabe que pode lhe entregar as causas que eu encaminho de modo que você nem imagina, para protegê-lo e ampará-lo, mas nunca, tenha a certeza disso, para facilitar seu caminho naquilo que é você que tem de resolver.

23

ROMANCE

Romance tem de ser bom e ter não apenas o final feliz, mas todo o enredo feliz. Vejo tanta gente sofrendo por amor e me pergunto se isso é amor ou orgulho, vaidade por haver sido rejeitado. Amor não é prisão, é escolha. A pessoa vai por aí, faz magias que obrigam alguém a desejá-la e não imagina o carma que está acumulando por não respeitar os caminhos dos outros. Seja competente e conquiste quem deseja ser conquistado.

24

COMUNICAÇÃO

Por que os mortos falam com os vivos? Não apenas por missão, mas também por amor, pelo gosto pelo dedo de prosa, não pela vacuidade, mas pela construção de caminhos de aprendizado e sabedoria. Não pensem que não temos o que fazer. Estamos mais vivos do que muita gente pensa, e trabalho não nos falta. Nem para seu Zé, que não é advogado de porta de cadeia não e talvez preferisse uma rede numa nuvenzinha para tirar uma pestana.

25

CONFIANÇA

Confiança e acreditar sem ver, é ter a sabedoria de saber esperar acontecer sem questionar como a chuva que cai na terra e a terra aceita sem duvidar. Isso e confiança não se ser ingênuo, bobo, aparvalhado, não e disso que seu Zé fala. A esperteza e fundamental na vida para que outrem na puxe seu tapete. Mas, por favor, não vá puxar o do outro e depois dizer a seu Zé que está sofrendo, com dor de barriga.

26

AMIZADE

Novamente seu Zé fala de amizade, essa forma amor fraterna e construtiva, mas que por vezes abre caminhos para a destruição, para a desconfiança, para o abuso da intimidade construída. Jesus diz que não há maior amor que dar a vida pelos seus amigos. Contudo, existem amigos que tiram a vida dos outros, difamando, caluniando, provocando distensões, fraturas, erraticidade e angústia. Como se diz popularmente, com amigos assim, quem precisa de inimigos?

Amizade é compromisso, não e apenas uma palavra.

27

PERSEVERANÇA

Perseverança é seguir apesar das desavenças, e não abandonar o barco na primeira curva de rio, é mudar o curso quando necessário, não é teimosia, pois a perseverança caminha com o planejamento. Seu Zé aprendeu e muito a perseverar, a não se contentar com o fácil, o imediato. Perseverar não é fácil, mas se Seu Zé conseguiu, você também consegue, meu irmão. Perseverar é triunfar, é levar o troféu na pista de dança, é ganhar a rodada, é saber trabalhar e receber pelo que fez.

28

CARIDADE

Caridade não é explorar a miséria do outro em benefício próprio. Seu Zé que veja você fazendo isso que lhe dá uma rasteira para você despertar para a Espiritualidade e fazer o certo, e não o duvidoso.

Caridade não é mesquinharia, não é vaidade, não é farisaísmo. Se for para dar e desejar de volta, melhor não dar e guardar. Fica até mais bonito

29

LEALDADE

Lealdade é uma nota promissória que se espera nunca ser cobrada.

30

PALAVRAS DE MARINHEIRO

Aqui é seu Zé Marinho, com a licença de Zé Pelintra. Venho dar a minha saudação a todos, lembrando que o mar agitado é que prepara bom marinheiro, que não tomba no convés, não se afoga e não desafia as ondas, mas respeita e se integra a elas. O bom marinheiro sabe navegar, sabe ser náufrago e tem a certeza de nunca estar sozinho.

Na praia ou no mar vivo trabalhando com as bênçãos de Iemanjá, de Ogum Beira-Mar e de todas as falanges que me ordenam. Bom marujo não desafia as ondas nem Orixás. A vida me deu oportunidades. Zé Pelintra me deu a oportunidade de falar aqui, na escrita, e o cavalo anotou. Salve o mar!

31

LIÇÕES DO MAR

A lenda do barco à deriva é a lenda da alma perdida que vaga só e descontente até encontrar o porto seguro para se reconstituir e voltar a navegar com certeza e segurança. Assim o espírito encarna, desencarna e reencarna. Meu porto seguro hoje é a Lei de Umbanda.

(Zé Marinho, com a licença de Zé Pelintra)

32

MECANISMOS DA PSICOGRAFIA

Meu cavalo às vezes ainda estranha os meandros da psicografia e quando vem outro espírito ditando algo quando se prepara para psicografar as palavras do Seu Zé. Mas não há mistério algum nesse mecanismo, já tão descrito em livros diversos. Meu cavalo, que sempre trabalhou de outras formas e agora experimenta a psicografia, não duvida, pelo contrário, agradece a oportunidade de sentir na pele o que já sentia no coração. A psicografia é tão firme como qualquer outra forma de mediunidade. Há que se domar o cavalo para que seja cada dia mais amigo, cada dia mais apto e erre menos pelos caminhos do mundo.

33

CHAPÉU

Seu Zé pede chapéu, que é instrumento de trabalho, não coroa. Meu chapéu vira a banda quando precisa, sempre para fazer o bem e defender. Quando necessário atiro o chapéu e distraio o que tenta me atacar. Além de tudo, meu cavalo sabe, o chapéu me dá um charme indescritível.

34

PONTO DE ZÉ PELINTRA

Malandro não é vagabundo
Malandro samba até o amanhecer
Vagabundo não levanta da cama
Passa a vida sem nada fazer

Malandro aprende mandinga
Vagabundo é pior que quiumba
Seu Zé não tolera bagunça
Faz favor, toca logo a macumba

35

CONFIANÇA

Quem precisa ver para crer não serve para cavalo de Zé Pelintra.

36

CONCENTRAÇÃO

Concentrar-se é abrir canais para que boas energias advenham. O mesmo vale para energias ruins, depende daquilo com que a pessoa se conecta, em concentração. A mente é poderosa, é elemento de criação ou de destruição. Repito: tudo depende da intenção do canal e de suas afinidades.

Marola boa
Marola vem marolar
Marola boa
Marola vem marolar

Marinheiro vive a nado
Afunda sem se afogar
Marinheiro vive a nado
Afunda sem se afogar

(Zé Marinho, com licença de Zé Pelintra)

37

PASSADO

A faca corta a carne, a faca corta o corpo. Melhor às vezes é não cortar, mas, quando é preciso, que se corte direito, para não haver sequelas. Assim também é a vida, com relação ao passado.

38

MEDIUNIDADE

Ai daqueles que pensam que mediunidade é ostentação. As rasteiras são maiores para quem pisa nas nuvens, não no chão.

39

PONTO DE ZÉ PELINTRA

Seu Zé tombou
Tombou mas não caiu
Capoeira ninguém derruba
Era o canto do tiziu

40

CONFIANÇA

Confiança é crer no impossível sabendo que é possível. Na verdade, não existe impossível, o que existe é o mal feito, o não planejado, o descaso. Não se afronta as leis da natureza, as leis divinas, mas se caminha com elas e para elas. A sabedoria está em se saber correto mesmo na adversidade.

47

PACIÊNCIA

A paciência, mais que uma virtude, é uma estratégia de sobrevivência, de postar-se diante de um mundo cada vez mais rápido, inseguro e sem serenidade. Seu Zé não tem pressa. Capoeira precisa calcular bem o golpe e saber a hora de lançar-se ao chão. Isso tudo em segundos. Capoeira que é bom ora e vigia como ensinou Jesus

42

DISPLICÊNCIA

Displicência é abandono, é deixar o barco correr, é largar mão, descompromissar-se de algo que lhe foi atribuído. Certamente virão as cobranças, as justas (pautadas pela Lei Divina) e as injustas (a maledicência de quem não conhece as intenções e os detalhes). A displicência é um descaso, um descuido que capoeira nenhum pode ter.

43

SUTILEZA

A sutileza é o melhor remédio para a dúvida. As pessoas entendem o grosseiro, mas não a sutileza. Até na mediunidade é assim, daí as dúvidas e muitos médiuns quanto mais se aprimora a mediunidade. É preciso afinar-se com a sutiliza. Aliás, a sutileza é algo extremamente elegante.

44

AMOR

Agradeça a Deus, aos orixás, à vida o amor que se tem. E honre-o com todas as forças do corpo e do espírito. O mental por vezes destrói o amor, tudo começa ali, no pensamento equivocado, de posse, de malquerença. Mas o amor verdadeiro sempre vence. Palavra de Zé pelintra.

45

SENTIMENTOS

Sentimentos são gamelas cheias de oferendas. O que você quer oferendar para a vida e para os Orixás?

46

NAVALHA

Minha navalha é de ouro porque já fechou muito caminho ingrato. Minha navalha eu não tiro para lutar à toa. Minha navalha tem Axé, não é de morte, mas de corte, de vida, de dignidade. Quem Zé Pelintra defende anda na linha, na malandragem, não na bagunça. A vida é redenção. Por isso estou aqui para auxiliar.

47

CABEÇA FIRME

Firmar a cabeça é não permitir que a dúvida se instaure. A dúvida dissipa a mediunidade à medida que se torna um questionamento inútil, e não uma fonte de aprendizado. Confiar é saber, não é ser irracional.

48

QUER SAMBAR COM ZÉ PELINTRA?

Quer sambar com Zé Pelintra? Não vai poder cansar.

Madrugada não tem hora para o samba acabar.

Os passos são certeiros, a cadência arriscada.

Quer sambar com Zé Pelintra? Sambe até a alvorada.

49

MEDIUNIDADE AGUÇADA

A mediunidade aguçada é um dom, não é distinção ou presente para se gastar. Todos são médiuns, alguns latentes, outros de forma mais escancarada. Aquilo que cada um faz com a mediunidade é de sua responsabilidade absoluta. Por isso é bom não brincar e abrir os canais, atrair o bem, atrair a luz.

50

DIREITA E ESQUERDA

Seu Zé Vira na Direita, Seu Zé vira na Esquerda. Não sei por que tem gente que se incomoda com isso. Depois dizem que não trabalho. Gente faladeira, certamente, trabalha muito mais (e pior) do que eu. Eu trabalho na Lei.

51

A VERDADE

A Verdade Suprema quem conhece é o Alto, o Absoluto. Conhecemos uma pequena parte dela. Não sejamos, portanto, arrogantes.

52

PERSEVERAR

Perseverar não é guiar navios no deserto, mas saber encontrar água. É fazer o possível, sem a pretensão de consertar o mundo.

Seu Zé não bambeia em ladeira estreita.

53

ORIXÁS

Orixás são forças da natureza que a serviço de Zâmbi* colaboram com a construção do mundo e o desenvolvimento de cada filho. Não são fatores determinantes para malcriação ou falta de caráter: isso é do humano, não do divino. Cada Orixá trabalha em linhas de atuações especificas e colabora para o trabalho dos demais. As narrativas mitológicas não servem para justificar patifarias, mas para que se entenda como as forças dos Orixás, gerais ou individualizadas em cada qual deles, se manifestam.

---

* Zâmbi: Deus.

54

BAHIA

A Bahia é uma terra mágica onde se congrega o espiritual, não de força tão pacifica como se possa parecer à primeira vista, mas onde o amálgama se verifica de forma mais espontânea. O país todo é uma síntese de forças espirituais, mas, sem dúvida, a Bahia carrega essa função de maneira mais explícita. Não significa que seja um lugar, uma região melhor do que as outras, mas que cumpre seu papel com excelência e pode cumprir ainda mais o dia que os homens deixarem de lado a vaidade e o fanatismo.

54

MULHERES

As mulheres são a essência da criação divina no humano. Convergem tão bem o aspecto espiritual e o aspecto humano. Por isso se tornam mães. Têm amor, dengo, desvelo e são muito mais fortes e machas que os homens, que não aguentam, muitas vezes, a labuta cotidiana, que dirá um parto.

O homem inteligente valoriza sua mulher, a protege, mima, enternece e contribui para o desenvolvimento de suas potencialidades. Não a castra, aprisiona, anula, mas dança com ela a dança da vida.

55

PERCEPÇÃO

Percepção é um dom mediúnico, uma forma de conexão entre o mundo físico e o mundo espiritual. A percepção não torna alguém melhor que outrem, mas o ativa para o serviço prático de contribuição para o bem-estar comum, a concórdia e a paz. Se não for, assim, não tem sentido, o médium ainda não percebeu o que está fazendo neste plano e certamente também se perderá no outro.

56

CHAPÉU DE ZÉ PELINTRA

Meu chapéu assusta e encanta. É meu chapéu. Eu não o uso para tapar os olhos. Quem tem ouvidos para ouvir, ouça.

57

DITADOS

Há ditados que refletem a realidade. Há ditados que negam a realidade. Outros a recriam com muita propriedade. A sabedoria está nas coisas simples, no toque de uma pétala, no toque do corpo de uma mulher.

58

SEU ZÉ E A ESQUERDA

Seu Zé vem na Linha da Esquerda com gratidão e dignidade, como em qualquer linha. Parem de falar mal de Exu. Vão conhecer primeiro, saber, se informar. Depois, se preferirem, falem mal mesmo, mas conheçam primeiro e não sejam ignorantes. Enquanto se propaga tanta mentira sobre Exus, eles riem da ignorância alheira e trabalham para o Bem e para a Luz.

59

EXU E O DIABO

Quem diz que Exu é diabo já vive no inferno. (Exu Veludo, com licença e compadrio com Seu Zé Pelintra)

60

JUVENTUDE

Juventude é o momento do plantio, não do desperdício de energia nem de descaso. É possível ser maduro em cada fase da vida de acordo com as possibilidades, a vibração e as condições. O jovem possui um dínamo energético poderoso, capaz de inúmeras realizações. O mesmo dínamo pode permanecer por toda a vida, pois o corpo físico envelhece, mas a alma não. Aliás, mesmo o corpo envelhecendo, é possível sambar e sambar sempre, guardadas as proporções da passagem do tempo e seus efeitos na carne. A juventude, como se diz, é um estado de espírito, mas também um estado de corpo saudável se sempre bem cuidado.

61

REVELAÇÕES E APRENDIZADOS

Seu Zé não faz revelações, apenas comenta situações do cotidiano para que todos percebam que a evolução e o aprendizado são constantes, que ninguém é perfeito, mas todos são dignos do amor, da confiança e do carinho do Pai Maior. Seu Zé trabalha em várias frentes para aprender, servir e evoluir, colaborando em praticar o aprendido para o bem do próximo, segundo a Lei. Tudo é conectado e ninguém decide nada sozinho, nem mesmo, aliás, muito menos na Espiritualidade. O livre-arbítrio jamais ofenderá a Lei maior do Amor.

62

ANSIEDADE

Há vários tipos de ansiedade, inclusive a do meu cavalo, que é controlada.

63

PASSO EM FALSO

Há muitos Zé Pilantras por aí, que usam meu nome e tentam se valer e avantajar da minha gravata e do meu chapéu. Caem por conta própria, pois há um momento em que o fingimento não se sustenta, ainda mais no passo da gafieira.

64

ZÉ PELINTRA E A UMBANDA

Zé Pelintra já dançou e já sofreu
Caminhou por esta terra
E foi nela que aprendeu

Mas chegando ao outro lado
Encontrou lição maior
Aprendeu foi passos novos

Aprumou o seu chapéu
Vindo trabalhar na Umbanda
Atendendo ao povaréu

65

O GATO

E meu cavalo e sua moça deram o nome de Zé Pelintra ao gato branco que acolheram em sua casa. Justa homenagem, pela qual seu Zé agradece. O gato lembra o terno, não a tez do seu Zé em vida, e isso realmente pouco importa. Assim como seu Zé, o gato trabalha muito na proteção da casa e da família, não é um encostado. Vez ou outra sabe dormir, na hora certa, com gosto, e ronca à vontade, pois, assim como Seu Zé, não é bobo nem nada.

66

MEDIANEIROS

Amenizar problemas é a função de todo médium. Se não servir para conectar-se com energias que harmonizem pessoas e ambientes, de que vale o dom, responsabilidade maior que lhe foi emprestada?

67

TRIDENTE

Tridente é caminho, não é para espetar ninguém, embora por vezes ajude a segurar a barra da calça ou da saia de quem deseja fazer o mal a outrem. Tridente é segurança, é arma energética para se fazer o bem e apontar a luz. Conheça antes de criticar, como sempre pede Seu Zé.

68

SEGURANÇA

A segurança não pode ser vã, mas real, então deve vir do interior, não de aparências ou fanfarronices. Não existe segurança na folha de papel que pode ser derrubada com o vento ou o sopro de uma criança.

69

LUTAS INGLÓRIAS

As lutas mais inglórias são aquelas empreendidas sem que o coração esteja imerso, presente no que se faz. Não existe vitória sem paixão, devotamento, dedicação. Nosso Senhor Jesus Cristo já ensinou: “Onde está o teu tesouro, aí está o teu coração.” O oposto também é válido, não se pense que Seu Zé não conhece o sentido das palavras do Mestre.

70

MEXERICO

Mexerico é falta do que fazer, mas, sobretudo, é falta de amor, de amor próprio, amor à própria vida, amor a outrem. Dobre-se a língua e ponha-se a ser feliz, é o Seu Zé sugere em cantilena.

DESPEDIDA

Boa noite pra quem é de boa noite! Bom dia pra quem é de bom dia! Saudações aos cavalheiros! Às damas tiro meu chapéu e dou o meu melhor sorriso. Ao cavalo agradeço a confiança e a persistência. Grato pela atenção de todos, despeço-me com afetuoso abraço e a certeza de terem em Seu Zé um amigo fiel e leal.

PONTO DE SUBIDA DE ZÉ PELINTRA

(Cantado em alguns terreiros onde Seu Zé trabalha, sobretudo, na Linha da Bahia)

Sua barquinha é de ouro e marfim
Sua barquinha é de ouro e marfim
Quem viaja nela é o Senhor do Bonfim
Quem viaja nela é o Senhor do Bonfim

ANEXOS

Como Seu Zé atua na Direita, seguem adiante algumas referências sobre algumas das linhas de trabalho (Linha de Malandros, Baianos e Almas). Por também atuar na Esquerda, uma breve reflexão sobre a mesma.

Em seguida, transcrevem-se trechos de uma crônica e do capítulo de um romance em que Seu Zé aparece como personagem principal. Ambos os textos são de minha autoria. O primeiro pertence ao livro "A Bandeira de Oxalá – pelos caminhos da Umbanda (São Paulo: Nova Senda, 2013, pp. 43-46). O segundo, a "Umbanda – o caminho das pedras" (São Paulo: Anúbis, 2015, pp. 117-124).

MALANDROS

Costumam trabalhar para diversos assuntos, no desmanche de magias deletérias, na abertura de caminhos, em curas. A capacidade espiritual elevada e a flexibilidade talvez sejam mais bem representadas por Zé Pelintra (ou Zé Pilintra), que se apresenta, por exemplo, no Catimbó e, na Umbanda, nas giras de Malandros, na Linha das Almas, entre os Baianos e, embora não seja propriamente Exus, na Esquerda (Como diz um célebre ponto, "na direita ou na esquerda/seu serviço é aprovado".). Dentre as Malandras, uma das mais célebres é Maria Navalha.

Brincalhões, gostam de dançar, de festas e vestem-se com aprumo, em especial com terno branco, sapato branco ou branco e vermelho, chapéu branco com fita vermelha ou chapéu de palha, gravata vermelha e bengala. Fumam cigarros, cigarrilhas ou charutos, bebem batidas, conhaque, uísque, cerveja e outros. Suas guias variam, podendo ser, por exemplo, vermelhas e brancas, vermelhas e pretas, brancas e pretas, de coquinho com olho-de-exu etc. Seus pontos de força são morros, cemitérios, encruzilhadas e outros. Nas portas de terreiro por vezes há uma imagem de Malandro, pois costumam tomar conta de entradas, portas e similares. Pela Lei de Evolução, os Malandros podem vir a se tornar Exus, continuando seu trabalho de assistência e proteção.

Trata-se de espíritos que geralmente, em vida, se envolveram com jogos, boemia, prostituição e outros, trabalhando para a Luz, utilizam-se da malandragem sadia para driblar situações negativas, sempre respeitando o livre-arbítrio, ensinando a todos a não a puxar o tapete de alguém, mas a ficar esperto para não deixar que ninguém puxe o seu.

O Zé Pelintra histórico, arquétipo maior dos Malandros, é identificado com a figura de José dos Anjos, nascido no interior de Pernambuco, negro forte que adorava jogar, beber, brigar e era mulherengo. Era especialmente bondoso com as mulheres. Levava o jogo a sério, mas não enganava os ingênuos, chegando a dispensá-los dos jogos. Quanto aos que se pretendiam espertos, enganava-os nos dados e nas cartas, buscando sempre levar a melhor, enquanto bebia prazerosamente. Teve morte misteriosa, atribuída por muitos a uma de suas amantes, que teria sido responsável por seu envenenamento.

Camisa Listrada, Malandrinho, Maria do Cais, Maria Navalha, Sete Navalhadas, Zé do Coco, Zé de Légua, Zé da Luz, Zé Malandro, Zé Moreno, Zé Pelintra, Zé Pereira, Zé Pretinho.

BAIANOS

Os Baianos trabalham sob a irradiação de diversos Orixás e, evidentemente, nem todos são realmente baianos ou nordestinos. Alguns, por exemplo, podem ter sido babalorixás de origem diversa, identificando-se, portanto com o culto aos Orixás.

Alegres e brincalhões, adoram festas e apreciam desmanchar trabalhos de magia deletéria, sendo bons conselheiros e orientadores. Gostam muito de dançar, o que, além de ser uma descontraída manifestação de alegria, é também uma maneira dirigida de manipulação de energia. Alguns são genuinamente quimbandeiros, identificando-se, portanto, com os Exus e as Pomba-giras, trabalhando na Esquerda. Também se apresentam, muitas vezes, em giras de Caboclos e Pretos-Velhos.

Irreverentes e batalhadores representam, ainda, o arquétipo do migrante nordestino a enfrentar o cotidiano com determinação. Procuram esclarecer espíritos de vibração deletéria, contudo, quando isso não é possível, costumam "amarrá-los", isto é, isolá-los energeticamente, até o dia em que estejam abertos a conselhos e realmente queiram ser ajudados.

Algumas características dos Baianos	
Apresentação	Chapéu de palha ou de couro, roupa de couro, sotaque e vocabulário tipicamente nordestinos.
Atuação	Dão passes e desmancham trabalhos de magia deletéria. Alguns benzem com água e/ou dendê. Trabalham com fortes orações e rezas.
Bebidas	Água de coco, batida de coco, cachaça.
Comidas	Cocada, coco, farofa com carne seca.
Cores	Laranja ou outra definida pela própria entidade.
Fumo	Cigarro de palha.

Algumas características dos Baianos	
Nomes	Chiquinho Cangaceiro, Gentilero, Mané Baiano, Maria do Alto do Morro, Maria do Balaio, Maria Baiana, Maria Bonita, Maria dos Remédios, Sete Ponteiros, Severino, Zé do Berimbau, Zé do Coco, Zé Pelintra, Zé do Prado, Zé do Trilho Verde e outros.

LINHA DE YORIMÁ

Na Linha de Yorimá ou Linha das Almas, Magos da Luz, por meio de suas mirongas, trazem luz, amparo e conforto a todos. Apreciam trabalhar com diversos elementos, dentre eles fumo e fumaça, fixando os bons fluidos e eliminando os maléficos.

Eficazes auxiliares de outros guias, raramente assumem a chefia de cabeça.

As atitudes, as palavras, os conselhos dos Pretos-Velhos, pais e vovôs amorosos, bem como seus pontos cantados, nos convidam à humildade, ao perdão, ao autoperdão e a assumir novas posturas diante da vida.

Sete chefes de legião da vibração espiritual de Yorimá	
Pai Guiné	Representante da vibração espiritual
Pai Tomé	Intermediário para Oxalá
Pai Joaquim	Intermediário para Oxóssi
Pai Benedito	Intermediário para Ogum
Vovó Maria Conga	Intermediário para Xangô
Pai Congo d´Aruanda	Intermediário para Yori
Pai Arruda	Intermediário para Iemanjá

ESQUERDA

Na Umbanda, em vez de se cultuar diretamente o Orixá Exu, é mais comum o culto aos Exus e às Pombogiras, trabalhadores da chamada Esquerda, oposto complementar da Direita. Ao longo da História, o conceito de esquerdo/esquerda foi de exclusão e incompreensão. Alguns exemplos: pessoas canhotas vistas sob suspeitas aos olhos de parte do clero e da população da Idade Média; em francês, esquerdo/esquerda é "gauche", que também significa "atrapalhado, destoante"; em italiano, "esquerdo/esquerda" é "sinistro/sinistra", o que nos lembra algo "obscuro".

Incompreendidos e temidos, Exus e Pombogiras vítimas da ingratidão e da intolerância, não apenas de religiões que não dialogam e discriminam a Umbanda e o Candomblé, mas, infelizmente nessas próprias religiões: há pessoas mais velhas do Candomblé que ainda chamam Exus de "escravos" ou "diabos", enquanto alguns umbandistas afirmam "não quererem nada com Exu".

Em linhas gerais, costuma-se, por exemplo, valorizar o médico, e não o lixeiro. Contudo, ambos os profissionais são extremamente importantes para a manutenção da saúde de cada indivíduo e da coletividade. Em termos espirituais, a Esquerda faz o trabalho mais pesado de desmanches de demandas, de policiamento e de proteção de templos. Portanto, toda casa de oração tem os seus Exus, de limpeza energética, enfim. No anonimato, sob nomes genéricos e referentes à linha de atuação ou aos Orixás para os quais trabalham, Exus e Pombogiras são médicos, conselheiros, psicólogos, protetores, exercendo múltiplas funções que podem ser resumidas numa só palavra: Guardiões.

Se em pinturas mediúnicas, Exus e Pombogiras apresentam-se com imagens e fisionomias "normais", por que as estatuetas que os representam parecem, aos olhos do senso comum, associá-los ainda mais ao Diabo cristão? Por três razões básicas:

a) Os símbolos de Exu pertencem a uma cultura diversa do universo cristão. Nela, por exemplo, a sexualidade não se associa ao pecado e, portanto, símbolos fálicos são mais evidentes, ligados tanto ao prazer quanto à fertilidade, enquanto o tridente representa os caminhos, e não algo infernal. O mesmo pode-se dizer, por exemplo, do dragão presente nas imagens de São Miguel e de São Jorge: enquanto no Ocidente cristão ele representa o mal, em várias culturas do Oriente o dragão é símbolo de fogo e de forças espirituais.
b) A área de atuação de Exus e Pombogiras solicita elementos tais quais os utilizados por eles (capas, bastões etc.) ou que os simbolizam (caveiras, fogo etc.), vibrações cromáticas específicas (vermelho e preto) e outros.
c) Do ponto de vista histórico e cultural, quando as comunidades que cultuavam Orixás perceberam, além da segregação, o temor daqueles que os discriminavam, assumiram conscientemente a relação entre Exu e o Diabo cristão, assim representando-o, como mecanismo de afastar de seus locais de encontro e liturgia todo aquele que pudesse prejudicar suas manifestações religiosas.

Nesse sentido, muitos dos nomes e pontos cantados de Exu, do ponto de vista espiritual (energias e funções) e cultural-histórico são "infernais".

De modo bem simples, Exus e Pombogiras podem ser definidos como agentes da Luz nas trevas (do erro, da ignorância, da culpa, da maldade etc.).

PONTO DE ZÉ PELINTRA

Seu Zé Pelintra, onde é que o senhor mora?
Seu Zé Pelintra, onde é sua morada?
Eu não posso lhe dizer
Porque você não vai me compreender
Eu nasci no Juremá
Minha morada é bem pertinho de Oxalá.

A PALESTRA

– Miguel, hoje vou levá-lo a uma palestra da qual eu sei que você vai gostar muito. Será breve e profunda.

– Quem será o palestrante?

– Será uma surpresa...

– A vida é cheia de surpresas. Até o meu Mentor agora resolveu me fazer uma...

Rimos e nos dirigimos a um amplo auditório, onde fomos recebidos por uma jovem senhora que nos informou de que a palestra já teria início. Sentamo-nos, em silêncio, meu Mentor e eu no fundo do auditório, nos últimos dois lugares disponíveis. À tribuna assomou uma figura conhecida, um negro esbelto de terno e chapéu brancos, gravata vermelha e um lenço da mesma cor no bolso do paletó, à mão, um chapéu branco com uma fita vermelha em volta. Seu Zé Pelintra. Meu coração acelerou. Meu Mentor sabe o quanto tenho carinho e gratidão por Seu Zé, a quem chamo carinhosamente de "meu advogado". Muitos dos filhos de minha casa trabalham com Seu Zé, o que me alegra. O Seu Zé que iria falar certamente seria chefe de falange. Meu Mentor piscou para mim, como a pedir que eu acalmasse os pensamentos.

> "– *Boa noite a todos os que aqui estão, entre desencarnados como o Seu Zé e aqueles que deixaram o corpo descansando no leito. Espero que todos estejam bem. Que Oxalá ilumine seus caminhos e o Senhor do Bonfim lhes traga alegria.*
>
> *Seu Zé está aqui hoje para, com breves palavras, contribuir com uma reflexão a respeito da fraternidade. Não vou tomar o tempo de vocês, pois, assim como Seu Zé tem muito serviço, embora digam por aí que Baiano não trabalha, sei que vocês têm outros afazeres, dos quais vieram ou para os quais ainda vão.*
>
> *Seu Zé tem visto em vários terreiros visitados que a fraternidade parece artigo de luxo nas casas de Umbanda. O que tem acontecido?*

Outro dia tive de segurar um Corisco, que quase deu o popular couro num médium que afrontou publicamente a dirigente espiritual, acusando-a de sumir com o dinheiro arrecadado para a festa de Oxóssi numa linda mata, fora da cidade. Seu Zé deveria ter deixado Corisco agir, pois couro não mata ninguém, como todos sabem: é um choque energético que desperta o médium para a verdade da qual tem se alienado, no caso em questão, um choque de verdade onde a mentira e a maledicência estavam reinando. Dez anos de casa, vendo a dirigente espiritual pagar do próprio bolso o montante maior de todas as festas, e o médium a acusa porque houve uma pequena diferença, um erro de cálculo porque a dirigente havia repassado parte do dinheiro para uma filha de Santo comprar velas e se esqueceu de avisar o médium boquirroto.

Seu Zé ficou muito entristecido com essa atitude e com tantas outras que tenho acompanhado, ou pessoalmente ou por meio de minha falange. Tantos querem ver a Umbanda derrubada, zombam de nossos fundamentos, chamam Exu de demônio, e a cizânia, a discórdia começando em nosso próprio solo, onde os Orixás pisam incorporados? É ridículo!

Evidentemente as pessoas que deveriam ouvir isso não estão aqui, hoje. Cada qual, em desdobramento (ao menos os que estavam preparados para) está com seu Baiano, com sua Baiana, ouvindo uma reprimenda, um bom conselho, sendo chamado à razão. Tivessem vindo aqui e Seu Zé teria de segurar Corisco, Maria Bonita, Severino, Domingos, Zóio Furado e tantos outros, da Linha da Bahia, da Linha do Cangaço, que, em vez de utilizar suas peixeiras para cortar demandas, estão prontos para cortar as línguas de médiuns maledicentes e fofoqueiros, cada dia mais comuns nos templos umbandistas.

Por isso, Seu Zé pede aos dirigentes aqui presentes, bem como aos médiuns de segurança e apoio da casa, de confiança e responsabilidade, que marquem reuniões onde as pessoas possam se expressar respeitosamente, dirimindo dúvidas, pondo tudo no papel, registrando, fazendo cada um assinar as atas de reunião, que Seu Zé quer ver quem vai ter o topete de contestar o escrito.

Seu Zé, quando encarnado, nunca precisou botar nada no papel. A palavra bastava, era a garantia, o fiel, o testamento de um homem de bem. Mas os tempos são outros. Mantenham a documentação das casas em dia, a começar pelas atas de reunião. Isso poderá não resolver os problemas, mas certamente poupará muito trabalho a vocês e ao Seu Zé. Mantenham o livro de frequência atualizado, para que nenhum médium diga que não recebeu o recado, que não opinou sobre alguma decisão, ou que não foi avisado de algo.

Estamos conversados? No que precisarem, contem sempre com Zé Pelintra, com a Linha da Bahia, com a Linha do Cangaço. Como diz um Ponto de Baiano: "Eu não vim trazer demanda, nem demanda eu vou levar.". Mantenham a cabeça firme e que o Senhor do Bonfim abençoe a todos.

Fiquem na fé de Oxalá, que Seu Zé vai na fé d'Ele!"

Espontaneamente, todos nos levantamos e começamos a aplaudir Seu Zé Pelintra. Do fundo do auditório, extremamente feliz, como uma criança, com toda a força da voz, comecei a puxar um ponto de Zé Pelintra, no que fui acompanhado por todos os presentes:

Eu me chamo Zé Pelintra
Negro do pé esparramado

Eu me chamo Zé Pelintra
Negro do pé esparramado

Na Direita ou na Esquerda
Seu serviço é aprovado

Na Direita ou na Esquerda
Seu serviço é aprovado

Quando terminamos o ponto, lá da frente Seu Zé respondeu:

> "— *Miguel, eu não sei por que todo mundo se incomoda com os pés do Seu Zé, que não têm nada de esparramados. Os pés do Seu Zé são muito bem desenhados. Essa história toda deve ser porque antigamente os negros pobres, escravos ou descendentes, andavam descalços, deformavam os pés e não conseguiam calçar os sapatos quando acabavam conhecendo-os. Mas esse tempo já passou e Seu Zé caminha*

muito bem, é verdade, tanto na Direita como na Esquerda.

Oxalá os abençoe!"

Com o coração renovado, tendo Seu Zé deixado o auditório, a jovem senhora que nos recebera entoou uma prece de agradecimento e o Hino da Umbanda, cantado por todos, em uníssono.

Meu Mentor me deu um forte abraço de despedida. No plano terreno, o despertador de meu celular não tardaria a saudar o novo dia.

PALAVRAS DE DOUTOR

Me chamam de Malandro, mas o que é ser Malandro? É beber até cair, ter um monte de mulheres e, na verdade, não ter nenhuma, roubar até ser pego? Não, não é dessa Malandragem que Seu Zé é feito. Encarnado, tive muitas experiências como vocês, positivas e negativas. Em espírito ("morto", se quiserem), procuro com alegria levar todos ao caminho da felicidade, o qual só pode ser trilhado por cada um. Não vai ser Seu Zé que vai caminhar por vocês.

A vida precisa ser trilhada com sabedoria. Malandragem é saber dançar conforme as possibilidades e sem perder o passo, é jogar capoeira e aprender a cair para não cair, é não perder tempo com besteira, com supérfluo, com suposições e aproveitar cada instante, fazendo comungar o corpo e o espírito. Isso é Malandragem. Malandro não tira nada de ninguém, mas está por perto quando a fruta mais doce cai, quando a flor mais linda brota, quando o vento melhor passa, quando a chuva mais refrescante desce do céu. Malandragem é estar no aqui e agora, sem se deixar escravizar.

Seu Zé, dizem, é Advogado dos Pobres. Eu não pego causa para perder. Eu brigo para ganhar. Então não me venham pedir aquilo que Deus, Nosso Pai Oxalá/o Senhor do Bonfim e, claro, Xangô sabem que não é justo porque eu não vou nem perder meu tempo. Vocês acham que enganam a quem? A mim é que não é. Muito menos a Deus, Oxalá, Xangô e à Banda de cada um.

Pensam que ser Malandro é ser vagabundo? Quem pensa assim não espere que Seu Zé vai advogar nem me chame de Doutor. Malandro trabalha, e muito, mas sabe trabalhar, e trabalha direito. Em muitas casas Seu Zé vem na Linha da Bahia. O povo baiano, na terra, é muito discriminado e chamado de folgado, muitas vezes pelo turista que pula carnaval não sei quantos dias enquanto tantos baianos, lá em Salvador, trabalham para que possam se divertir. E na Bahia não tem cozinheira, prédio, motorista, varreção de rua? Na Espiritualidade, Baiano também trabalha muito, mas, repito com sabedoria. Vocês conhecem aquele ponto "Baiano bom, baiano bom/baiano bom é o que sabe trabalhar//Baiano bom é o que sobe no coqueiro/tira coco, bebe a água/e bota o coco no lugar". Vocês acham que alguém ensina Baiano a trabalhar? Quem quiser ensinar é porque não está trabalhando em seu favor e fica olhando a colheita do próximo.

Malandragem é não se expor. Malandro não entrega o ouro nem o exibe para o ladrão. Quanta gente perde tempo com papagaiada, com maledicência, com ações obscuras e pensa que expõe os outros. Expõe é a própria falta de caráter, de amor-próprio, de felicidade. Malandro não se acha esperto. Ou é sábio ou não é, não tem meio termo. Como na capoeira, prepara a queda, quando sabe que vai cair. E se levanta. Seu Zé não usa bengala porque não sabe andar. Seu Zé usa bengala para tatear onde não é besta de tocar com as mãos ou pisar. Claro que a bengala tem outras funções, inclusive numa gira, mas sei que vocês entenderam.

Ser Doutor não é distinção, mas serviço. Não adianta ter o título e não ter a postura de Doutor, perder aquilo que está sob sua responsabilidade. Não é o título que importa, e sim as atitudes. O título não torna ninguém melhor, as atitudes sim, mas não melhor do que os outros, e sim melhor do que se era ontem, o melhor de si mesmo. Isso é evolução. De que vale o tamanho do coco se não tem água, a carne é seca e dura e se cai na cabeça de quem tenta tirá-lo do pé?

Se Seu Zé é respeitado na Direita e na Esquerda como diz aquele outro ponto (hoje Seu Zé está trabalhando tanto que está até cantando no lugar da curimba) "Eu me chamo Zé Pelintra, nego do pé esfarrapado//na Direita ou na Esquerda, seu serviço é aprovado." É porque o trabalho do Seu Zé se faz respeitar. Isso é ser Malandro. Só não sei porque as pessoas têm de se incomodar com os pés do Seu Zé, se são assim, se são assado. Mas isso deve ser porque antigamente os negros pobres, escravos ou descendentes, andavam descalços, deformavam os pés e não conseguiam calçar os sapatos quando acabavam conhecendo sapatos.

A vida tem explicação, a Espiritualidade tem explicação e muita lógica, mas nem tudo se compreende, ou melhor, só se compreende aquilo para o qual se está preparado, conforme as possibilidades de cada etapa evolutiva. Na carne, uma compreensão, no espírito, outra, de acordo com os degraus, as vivências. Por isso vocês também cantam "Seu Zé Pelintra, onde é que o senhor mora/Seu Zé Pelintra, onde é sua morada// Eu não posso lhe dizer, porque você não vai me compreender/Eu nasci no Juremá/minha morada é bem pertinho de Oxalá".

Depois dizem que Baiano não trabalha... Seu Zé já trabalhou, cantou, dançou, falou. Fiquem na fé de Oxalá, que Nosso Senhor do Bonfim traga a cada um aquilo que se espera e pelo qual se trabalha com fé, devoção e amor, conforme o merecimento. Ajam com sabedoria, não por impulso. Fiquem na fé de Oxalá, que Seu Zé vai na fé dele.

O AUTOR

Ademir Barbosa Júnior (Pai Dermes de Xangô) é dirigente da Tenda de Umbanda Caboclo Jiboia e Zé Pelintra das Almas (Piracicaba – SP), fundada em 23/4/2015. É Doutorando em Comunicação pela UNIP (Bolsa PROSUP/CAPES) e Mestre em Literatura Brasileira pela USP, onde se graduou em Letras. Pós-graduado em Ciências da Religião pelo Instituto Prominas, é professor e terapeuta holístico. Já coordenou fóruns, eventos, festas públicas e outros, congregando Umbanda, Candomblé, Pastoral Afro (Igreja Católica), MPB, Ioga, Dança do Ventre e outros segmentos. Dirigiu 04 curtas-metragens, um deles com a participação da cantora e deputada estadual Leci Brandão. Foi idealizador e presidente da Associação Brasileira de Escritores Afro-religiosos (Abeafro). Nasceu em Piracicaba – SP, no dia 02 de agosto de 1972. Recebeu o Troféu Abolição – Instituto Educacional Ginga (Câmara Municipal de Limeira, 27 de julho de 2012); o Diploma Cultura de Paz – Fundação Graça Muniz (Salvador, 07 de março de 2013); o Diploma Zumbi dos Palmares (Câmara Municipal de Campinas, 20/11/2014), o Troféu 1º. Jovens do Axé (Câmara Municipal de São Paulo, 07/10/2015) e o título de Embaixador das Religiões de Matriz Africana no Estado de São Paulo (Terreiro da Vó Benedita – Campinas – SP, 19/01/2018). Em 2014 presidiu o Fórum Internacional de Umbanda, em Leiria, Portugal. Em 2015 foi nomeado vice-presidente do Fórum Catarinense de Umbanda e foi um dos palestrantes do 1º. Simpósio On-line de Umbanda. No início de 2018 recebeu o título Doutor honoris Causa pelo Movimento Cultural Negro Ginga – IEG, de Limeira – SP. Em 2019 recebeu novamente o título de Doutor honoris Causa em Literatura pela FEBACLA – RJ e foi eleito para a cadeira 62 da Academia Independente de Letras, da qual se tornou patrono (divisa "Axé"). Em Blumenau – SC, por meio do gabinete do então vereador Jefferson Forest, Dermes encaminhou dois projetos de lei aprovados por unanimidade e dos quais se originaram as leis 8285/16

(Dia Municipal da Umbanda) e 8374/17 (Dia Municipal de Oxum). Publicou dezenas de livros, notadamente sobre as religiões tradicionais de terreiro. É Ogã, há mais de duas décadas, do Ile Iya Tundé (dijina: Tata Obasiré). Em 2021, como forma de vivenciar melhor a essência da mensagem de Jesus de Nazaré e a energia do feminino, criou a Capela de Santa Sara, Santa Anastácia e Santa Maria Madalena. Santamuertista (devoto de Santa Muerte), é também adepto da Bruxaria Natural, celebrando a universalidade e a diversidade da Arte em sua vertente natural e popular. Autor de mais de uma centena de livros, dezenas deles publicados, alguns premiados e com traduções para diversos idiomas.

ANOTAÇÕES

ANOTAÇÕES

Distribuição exclusiva

AQUAROLIBOOKS®

www.aquarolibooks.com.br